AF338813

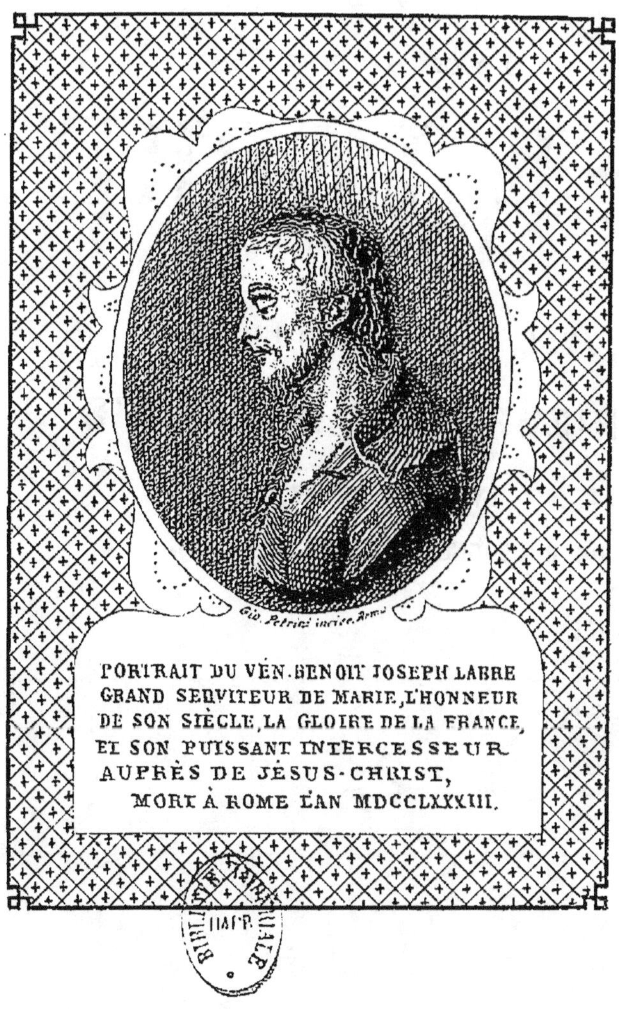

Fac-simile d'une gravure faite à Rome,
l'année même de la mort du Bienheureux
Benoit-Joseph-LABRE.

VIE

DU BIENHEUREUX

B.-J. LABRE

PUBLIÉE

AVEC L'APPROBATION DE

Mgr PIERRE-LOUIS PARISIS

ÉVÊQUE D'ARRAS,

DE BOULOGNE ET DE SAINT-OMER.

ARRAS

ALPHONSE BRISSY, IMPRIMEUR DE L'ÉVÊCHÉ
Rue des Capucins, 22.

—

MDCCCLX

APPROBATION.

Permis d'imprimer.

Arras, le 16 avril 1860.

† **PIERRE-LOUIS,**

ÉVÊQUE D'ARRAS,

DE BOULOGNE ET DE St-OMER

PROPRIÉTÉ DE L'ÉDITEUR.

Vignette tirée de la *Numismatique Béthunoise* de M. DANCOISNE,
Arras, BRISSY, 1859, p. 142.

VIE

BENOIT-JOSEPH LABRE

Si l'on voulait juger la vie du Bienheureux
Benoit-Joseph Labre d'après les idées du monde,
on porterait assurément sur lui un jugement à
la fois très-défavorable et très-injuste. Ce pieux
serviteur de Dieu a donné à l'univers chrétien,
et cela en plein xviiiᵉ siècle, l'exemple le plus
admirable et le plus extraordinaire du mépris
des biens et des jouissances de la terre; non-
seulement il a pratiqué en esprit de pénitence
la pauvreté évangélique la plus complète, mais
encore il a poussé la mortification chrétienne
jusqu'à un effrayant excès. Il s'est véritablement
imposé un long et continuel martyre qu'une

grâce spéciale pouvait seule lui faire endurer. Nous allons essayer, par un simple abrégé de sa vie, de faire ressortir les mérites de cette existence toute de renoncement et d'abnégation que notre esprit et notre cœur, trop attachés aux biens matériels, ont peine à comprendre.

Benoît-Joseph Labre naquit le 26 mars 1748, à Amettes, petit village (canton de Norrent-Fontes, Pas-de-Calais), qui, compris dans l'ancien diocèse de Boulogne, dépend aujourd'hui du diocèse d'Arras. Notre bienheureux mourut à Rome, en odeur de sainteté, le 16 avril 1783, à l'âge de 35 ans.

Ses parents, Jean-Baptiste Labre et Anne-Barbe Grandsire, qui appartenaient tous les deux à des familles heureuses de compter parmi leurs membres de pieux ecclésiastiques, étaient d'honnêtes et vertueux cultivateurs, exerçant aussi la profession de merciers. Benoit-Joseph fut l'aîné de 15 enfants. Un frère de son père, François-Joseph Labre, vicaire de la paroisse d'Amettes, baptisa le futur saint le lendemain de sa naissance. Un autre de ses oncles, du côté maternel, M. Jacques-Joseph Vincent, également prêtre, voulut se charger de son éducation première. La tâche qu'il s'imposait lui fut douce autant qu'aisée, car Benoît-Joseph était doué d'un caractère docile et d'heureuses dispositions. Son intelligence et sa piété se manifestèrent bien vite et d'une manière remarquable. Si l'on admirait ses progrès rapides, on aimait encore davantage son humeur facile et cette douceur native qui, se développant chaque jour avec sa piété, lui fit supporter plus tard sans murmure et bientôt même avec joie, les souffrances et les injures auxquelles il s'exposait par esprit de mortification.

Dès l'âge de quatre ans, on voyait cet enfant prédestiné observer, calculer, rechercher ce qui pouvait être pour lui une pénitence, une privation, une peine, se montrant plus qu'indifférent pour les aises, les commodités, les petites douceurs d'une vie d'enfant et affectant surtout une indifférence particulière pour tout ce qui concernait ses vêtements et sa nourriture.

A huit ans, Benoît-Joseph vit mourir une de ses sœurs; on l'entendit, au pied du lit de la jeune défunte, envier le bonheur de cet ange qui, débarrassé des misères de la vie, s'envolait vers Dieu.

A l'âge de treize ans, on le confia à son oncle,

François-Joseph Labre, l'ancien vicaire d'A-
mettes, devenu curé d'Érin, qui le prépara pour
sa première communion. Benoit-Joseph la fit
avec un recueillement et une ferveur vraiment
exemplaires ; aussi, dès cette époque, le vit-on
se sanctifier par les exercices les plus assidus de
la piété chrétienne, et il fit dans la perfection
religieuse de tels progrès, que tous ceux qui
le connaissaient le considéraient comme un
petit saint. Son amour de la pénitence et de
la mortification et son détachement des choses
de la terre allèrent dès lors croissant chaque
jour.

Son oncle lui avait ouvert sa bibliothèque,
composée de livres choisis de dévotion, et Benoit-Joseph y puisait avec bonheur des leçons
de sagesse et de piété. L'un de ces livres, les
sermons du Père Lejeune, surnommé le *Père
Aveugle*, célèbre prédicateur oratorien, fit sur
son esprit une telle impression qu'il se sentit, à
sa lecture, pour toujours détaché du monde. Il
résolut donc de se renfermer à la Trappe, ayant
à peine 15 ans. Son père, qui l'aimait beau-
coup, et qu'il alla solliciter, ne crut pas à ce pré-
coce renoncement des biens terrestres et refusa
son consentement. Le curé d'Érin, en prenant

soin de l'éducation de son neveu, avait pu se convaincre du penchant invincible qui le portait à se consacrer à Dieu, et n'avait pas combattu son projet; mais Benoît-Joseph, toujours humble et docile, s'était soumis aussitôt sans murmure à la volonté de son père, et il était rentré à Érin pour s'y livrer avec une nouvelle ardeur à l'étude et à ses exercices habituels de piété.

Cependant cette sainte inclination était trop puissante pour que Benoît-Joseph Labre pût y renoncer et abandonner le projet qu'il nourrissait depuis si longtemps. Aussi, lorsqu'il eut la douleur de perdre son guide, son second père, son oncle bien-aimé, le digne curé d'Érin, Benoît-Joseph renouvela sa première tentative.

Revenu à Amettes, il sollicita de nouveau le consentement de ses parents pour se rendre à la Trappe. Il avait alors 16 ans. Son père, vraiment chrétien, voyant sa persistance et appréciant toute l'excellence de la vie religieuse, lui accorda cette fois l'autorisation qu'on lui demandait avec tant d'instances.

Benoît-Joseph, heureux de posséder enfin la permission de sa famille, se mit en route aussitôt pour cette célèbre abbaye (1766); mais, malgré son ardent désir de se cloîtrer, il était trop jeune pour qu'on lui ouvrit les portes du pieux asile. Il fut donc obligé de reprendre, tout attristé, le chemin d'Amettes. Sur ces entrefaites, son oncle maternel, M. l'abbé Vincent, avait été nommé vicaire à Conteville. Benoît-Joseph se rendit près de lui pour continuer ses études et pour acquérir de nouvelles vertus, attendant que son âge lui permît de se faire admettre dans une maison religieuse. Alors, il se présenta chez les Chartreux; mais n'ayant pas été plus heureux que chez les Trappistes, il revint chez ses parents, où il se condamna à des mortifications telles que sa mère, sérieusement alarmée, lui en fit de vifs reproches. Notre saint se livrait aux jeûnes les plus rigoureux, se couchait, l'hiver comme l'été, sur une planche nue, donnait aux pauvres la nourriture qu'on lui servait, ne réservant pour lui qu'un peu de pain dur, et passant en prières la plus grande partie de ses nuits, s'exerçant par la pratique de ces austérités à la vie extraordinaire qu'il devait plus tard pratiquer.

Il se présenta de nouveau dans diverses communautés; mais il ne trouva nulle part la règle assez sévère, et passa ainsi six années cherchant toujours en vain l'Ordre dans lequel il pourrait se consacrer à Dieu et satisfaire son immense besoin de se mortifier.

Enfin, il voulut partir pour l'Italie, visiter les lieux de dévotion les plus renommés et les plus vénérés, espérant que Dieu lui montrerait sa véritable vocation.

Il se mit en route pour Rome en 1770 comme un pauvre pèlerin, vivant de tout ce qu'il trouvait sur son chemin. Il passe d'abord par Lorette ; il s'arrête ensuite à Assise et de là se rend dans la ville sainte. A peine arrivé, il visite tous les monuments religieux, s'agenouille devant toutes les madones. Bientôt il se fut mis au courant de tous les exercices de piété que l'on célèbre dans chaque église, et on le vit les suivre assidûment tous les jours avec la plus grande ferveur et un recueillement qui attirait sur lui forcément l'attention.

Il montait souvent sur ses genoux, suivant l'usage, le *saint escalier* ('), méditant, à chaque degré, sur les humiliations et les douleurs que Notre Sauveur dut éprouver lorsqu'il gravit le

(1) Le *saint escalier*, ou *scala sancta*, est un escalier composé de vingt-huit marches de marbre qui, du palais de Pilate, à Jérusalem, fut transporté à Rome. Il fut sanctifié par le sang de Jésus · Christ, qui le monta et le descendit plusieurs fois pendant sa passion ; et c'est pourquoi on ne le monte qu'à genoux.

même chemin. C'est à cette époque qu'il se sentit fixé sur sa véritable vocation ; il était spécialement et invinciblement appelé de Dieu à cette existence pauvre et nomade qu'il mena jusqu'à sa mort.

On lit dans la vie de saint Thomas de Cantorbéry, chancelier d'Angleterre, que cet illustre archevêque, contraint par ses fonctions de vivre au milieu des plus grands seigneurs du royaume, au sein d'une Cour fastueuse, fut trouvé après sa mort couvert d'un cilice tellement plein de vermine, qu'on jugea que ce long martyre anticipé, supporté volontairement au milieu du luxe et de la mollesse d'une Cour, avait dû être bien plus pénible et plus cruel que celui qu'il avait souffert sous les coups de ses assassins.

Benoît-Joseph crut devoir immoler ainsi sa chair pour plaire au Seigneur par ce martyre continuel, et, disons-le, repoussant, auquel il voulut aussi se condamner.

En 1774, il quitte Rome et se rend d'abord à Fabiano, pour prier au tombeau de saint Romuald ; de là il va à Bari faire ses dévotions au tombeau de saint Nicolas, puis il se dirige vers la Suisse dont il visite les sanctuaires renommés ; il parcourt ensuite l'Alsace, la Lor-

raine et l'Allemagne, et, traversant de nouveau
toute l'Italie, il passe par le royaume de Naples
et revient à Rome, après une absence de six
années.

Benoît-Joseph avait fait tous ces voyages pieds
nus, couchant, l'hiver comme l'été, dans les rues,
à l'abri d'un mur, d'une borne ; dénué de tout,
il trouvait cependant moyen de répandre des
aumônes autour de lui. Jamais on ne le vit demander ni tendre la main ; mais il acceptait par
humilité ce que des personnes charitables,
frappées de son aspect misérable, venaient
lui offrir. Jamais il ne conserva la moindre
monnaie et il se hâtait de partager la nourriture qu'on lui donnait avec les pauvres qu'il
rencontrait, gardant à peine pour lui le strict
nécessaire. Le plus souvent il se contentait de
ramasser les fruits gâtés, les épluchures de
légumes qu'il trouvait au coin des rues : c'était
là son repas habituel et il n'en faisait qu'un par
jour, vers le soir. Sa boisson était l'eau des
fontaines dans les villes, et en voyage, l'eau
bourbeuse des fossés et des mares. Les haillons
qui le recouvraient lui attiraient des signes de
dégoût qu'il supportait avec un vrai bonheur.
Si on le poursuivait de huées, comme il ar-

rivait souvent, si parfois on lui jetait des pierres, si même on allait jusqu'à lui arracher les poils de sa barbe, il endurait toutes ces humiliations, toutes ces souffrances sans le moindre murmure, sans la moindre plainte. Il se laissait incommoder par la vermine pour montrer que le corps n'est qu'une enveloppe grossière, un mauvais sac déchiré dont on doit avoir hâte de se débarrasser et dont il ne faut jamais prendre le moindre souci; tandis que la seule vraie occupation du chrétien est de purifier et de sanctifier son âme, d'humilier son corps, de lui faire tout supporter et souffrir pour mériter dans le ciel le bonheur éternel des élus.

Toutes les journées du bienheureux Benoît-Joseph se passaient dans les églises, dans la prière et la méditation. Le soir, il se réfugiait au Colysée (1), où il se couchait au milieu des ruines, dans une sorte de mauvaise niche en pierres qu'il s'était arrangée. Vers la fin de sa vie cependant, il fut obligé, sur les instances de son confesseur, de prendre un lit à l'hospice des pauvres. Sa santé était altérée, et pourtant il redoublait de ferveur. On le voyait rester en

____

(1) Ancien amphithéâtre de Vespasien.

prières, à genoux, les bras en croix, conser-
vant cette même position des journées entières,
la figure illuminée comme celle des séraphins,
dans une extase qui le rapprochait du ciel. —
Son sanctuaire de prédilection était celui de
Notre-Dame des Monts, et c'est sur les degrés
extérieurs de cette église que, le 16 avril 1783,
le jour du mercredi saint, Benoît - Joseph s'af-
faissa, saisi d'une défaillance mortelle. On s'empressa aussitôt autour de lui, on voulait le transporter dans l'intérieur de l'église ou dans une
communauté religieuse ; mais il manifesta le
désir d'être porté dans une maison voisine,
chez un boucher nommé Zacarelli, qui s'était
toujours montré sympathique à notre bienheureux, et que Benoît-Joseph estimait comme un
homme de bien et d'une solide piété. C'est dans
cette modeste maison que se termina, peu de tems
après qu'il y eût été déposé sur un lit, l'étonnant
martyre que Benoît-Joseph s'était imposé volontairement pendant tant d'années : c'est là que
son âme, se dépouillant enfin de l'enveloppe misérable qui la rivait à la terre et qu'il s'était toujours appliqué à châtier, s'éleva libre et joyeuse
vers le ciel, continuel objet de ses aspirations ;
il avait 35 ans et 21 jours.

A peine cet homme que l'on avait toujours connu vêtu de haillons repoussants, eut-il expiré, que le bruit de sa mort se répandit dans la ville avec une rapidité inouïe. La foule accourait de tous côtés en criant : *Le saint est mort! le saint est mort!* L'affluence qui se pressait devant la maison de Zacarelli interrompait la circulation, et l'on fut obligé de transporter le corps dans l'église de Notre-Dame des Monts, où il resta exposé pendant cinq jours. Ce corps, disent les témoins oculaires, était frais et pur comme celui d'un enfant, et on ne voyait aucune trace de la cruelle mortification qu'il avait soufferte pendant sa vie. Tout le temps qu'il fut exposé à la vénération des fidèles, il resta flexible et souple et sans la moindre apparence de corruption. Les fidèles venaient à foule faire toucher des chapelets, des images à ce cadavre que le saint avait voulu rendre si repoussant; la foule était telle que, malgré les mesures prises, on ne put empêcher les pieuses profanations de ce peuple qui voulait enlever à Benoit-Joseph tout ce qui l'avait touché, tout ce qui lui avait appartenu. Enfin on l'inhuma près du maitre-autel de l'église de Notre-Dame des Monts, et ses funérailles furent une sorte de triomphe ; triomphe d'autant plus grand et plus retentissant, qu'un miracle éclatant s'était manifesté pendant la cérémonie religieuse. Un malheureux perclus voulut toucher le cercueil, et aussitôt, il fut guéri. La foule transportée criait : *Miracle ! miracle ! miracle !* et c'est au bruit de ces acclamations enthousiastes que le corps de Benoît-Joseph fut rendu à la terre.

Bientôt après on vit circuler dans toute la ville des images du nouveau saint, et des médailles furent frappées en son honneur avant même qu'on se fût occupé de sa béatification.

Monseigneur de Pressy, évêque de Boulogne, qui avait administré le sacrement de Confirmation à Benoît-Joseph et prédit dès lors qu'il mènerait une vie extraordinaire, fit, trois mois après sa mort, un mandement pour annoncer à ses ouailles la sainteté de son diocésain.

Le tombeau du saint pauvre devint aussitôt un lieu de pèlerinage des plus fréquentés de Rome. La confiance avec laquelle on invoquait le serviteur de Dieu ne fut pas vaine ; car des miracles nombreux en furent la récompense. Ces prodiges parurent si certains à un ministre anglican appelé Thayer, qui se trouvait alors à Rome, qu'il se convertit à la foi catholique.

Tout le bruit qui se faisait autour de ce tombeau et l'affluence des pieux pèlerins qui augmentait chaque jour, décidèrent la cour romaine à instruire immédiatement le procès de canonisation de Benoît Labre. Dès l'année de sa mort, la Congrégation des Rites lui décerna le titre de vénérable. La cause, interrompue par les graves événements de la fin du dernier siècle, fut reprise et poursuivie avec persévérance, et la procédure, après avoir duré plus de soixante ans, vient enfin d'aboutir à un heureux terme. Le 4 juin 1859, N. S. P. le Pape Pie IX donna son approbation au décret de la Sacrée Congrégation des Rites, lequel déclare qu'il y a certitude des trois miracles proposés Pour la cause de la béatification. Bientôt celui qui a édifié le monde par une pauvreté absolue, par une mortification extraordinaire et une profonde humilité, recevra les honneurs d'un culte public à Rome et dans le diocèse d'Arras.

EXTRAIT

du décret de N. S. P. le P. Pie IX, sur la béatification et
la canonisation du vénérable serviteur de Dieu,
Benoît-Joseph Labre.

Quoique parmi tous les prodiges opérés par
l'intercession du vénérable Benoît-Joseph, il dût
suffire, d'après les règles, d'en présenter deux
acquis à la cause, pour obtenir la béatification,
les Postulateurs voulant offrir une démonstra-
tion plus manifeste et plus éclatante de l'inter-
vention divine, ont cru devoir en choisir trois
pour les soumettre à la S. Congrégation des
Rites. Il en a été une première fois délibéré le
4 des ides de janvier 1852, dans la réunion
anté-préparatoire tenue en présence du révérendissime seigneur cardinal Constantin Patrizi,
évêque d'Albano, Préfet de la S. Congrégation
des Rites et Rapporteur de la cause; ensuite,
dans l'assemblée *préparatoire* réunie au Va-
tican le 18 des calendes d'octobre 1857, et enfin
dans le consistoire général tenu au même lieu,
en présence de notre T.-S. P. le Pape Pie IX,
aux ides de mars de la présente année 1859,
et dans lequel l'éminentissime cardinal sus-

nommé ayant posé le doute : *Y a-t-il certitude de miracles—desquels dans le cas et pour l'effet dont il s'agit?* — Tous les éminentissimes Cardinaux présents et les Pères consulteurs donnèrent chacun leur avis.

Après les avoir entendus, N. T.-S. P. le Pape, se conformant à la très-sage coutume des Pontifes romains, ses prédécesseurs, persuadé qu'Il ne pouvait pas rendre une sentence dans une affaire si grave avant d'avoir imploré le secours de la lumière divine, ordonna de le demander avec instance. La chose ayant été ensuite examinée et sérieusement discutée avec Lui, après des prières réitérées, le Saint-Père s'est décidé à rendre un jugement suprême et définitif en ce jour même consacré à l'Ascension de Notre-Seigneur, ou dans une autre cause, celle du vénérable serviteur de Dieu, Jean Sarcander d'Olmutz, Il déclara que l'on pouvait procéder à sa béatification.

C'est pourquoi, après avoir promulgué cette déclaration dans la sacristie de l'archi-basilique patriarchale de Latran, arrivant à la cause du Vénérable Benoît-Joseph, N. S. Père ordonna d'appeler le Révérendissime cardinal Constantin Patrizi, évêque d'Albano, Préfet de la S.

Congrégation des Rites, Rapporteur de la cause, et le R. P. André-Marie Frattini, Promoteur de la Foi, et moi, soussigné, Secrétaire de la même Congrégation, et en notre présence Il a décidé solennellement qu'il y a preuve certaine de trois miracles, savoir : Le premier du second degré, dans la guérison instantanée et complète de Marie-Rose de Luca, malade de phthisie pulmonaire ; le deuxième, du troisième degré, dans la guérison instantanée et complète de Thérèse Tartufoli, affligée d'un ulcère invétéré, sinueux, fistuleux et calleux ; le troisième, du second degré, dans la guérison instantanée et complète de sœur Angèle-Joseph Marini, atteinte d'une obstruction invétérée, schirreuse, lapidaire de la rate, compliquée de symptômes graves et de diverses autres maladies.

Le 4 des nones de juin, Il a donné l'ordre que le présent décret fût porté dans les actes de la S. Congrégation des Rites et promulgué.

> CONSTANTIN PATRIZI, Cardinal, évêque d'Albano, préfet de la S. Congrég. des Rites.

Lieu ✠ du sceau.

> H. CAPALTI, secrét. de la Congr.

COPIE D'UNE LETTRE

ÉCRITE PAR UN MÉDECIN DE ROME A UNE CARMÉLITE
DE CAVAILLON (*), SA SŒUR, DATÉE
DU PREMIER MAI 1783.

Je ne vous ay pas ecris depuis long tems, ma
chere sœur, parceque jay de tems a autre de vos
nouvelles et que je scay que vous vous portez bien ;
quoy que vous n'aimiez pas a etre entretenu des
choses du monde, voicy un evenement trop frapant
et qui fait trop de bruit a Rome et dans les envi-
rons pour ne point vous en faire part :

Vn pauvre François, nommé Benoit-Joseph Labre,
d'Amette, diocesse de Boulongne en France, agé
de 35 ans, apres avoir habité dans cette ville depuis
douze ans, vivant d'aumone, couvert de haillons
tres abjects aux yeux des hommes et tres mortifié,
mourus le 16 avril dernier dans la maison dune
personne charitable qui luy avait fait du bien et qui
le logoit.
Le lendemain, plusieurs habitants vertueux se
cottisserent pour luy procurer des obseques hono-
rables, on fut bien surpris quand on touchat le
cadavre de le trouver aussi souple et aussi flexible
que s'il n'eut eté qu'endormis. Cet evenement qui
n'est point du tout naturel, excita la curiosité de
toutte la ville, on s'empressa de venir en foulle pour

(*) Cavaillon, petite ville de France, département de
Vaucluse.

etre temoins du phenomene et on ne cessoit de le
toucher.

Les temoignage que rendoient de sa pieté ceux
qui le connoissoient pour lavoir vûs continuellement
à l'eclise depuis le matin jusqu'au soir, ceux des
pauvres avec qui il partageoit tous les jours les
aumones qu'il recevoit, il les refusoit quelque fois,
quelques parolles heureusement echappés à son
confesseur qui est en grande réputation de sainteté,
tout cela excita la confiance et la ferveur du peuple
qui commenca bientot a linvoqué comme bienheureux.

Les effects miraculeux de son intercession ont eté
si rapides et si multiplies qu'afin de satisfaire la
devotion de la multitude qui ne pouvoit plus etre
contenus par les gardes dont il etoit environné, ont
pris le partis de le laisser etendus par terre lespace
de 96 heures a la vue de tout le monde ; pendant
ce tems, il a conservé la meme flexibilité montrant
la fraicheur d'un homme vivant et répandant une
odeur très-agréable.

Depuis les plus petits jusqu'aux premiers de la
ville et aux cardineaux, tous on voulus voir la mer-
veille et se convaincre par leur propres yeux, des
miracles qui s'operoient a chaque instant sur ceux
qui l'invoquoient, apres le 4me jour ecoulé, comme
le peuple se rassembloit a l'eclise ou il etoit exposé,
en trop grand nombre pour qu'on put maintenir
l'ordre et que jour et nuit il falloit prendre les
moyens possibles pour empecher le trouble que fai-
soit craindre une affluence si considerable, affluence
qui augmentoit toujour par les cris de joye et action
de grace qu'on entendoit de toutte part, le St Pere
ordonna que le corps fut inhumé avec les ceremo-
nies ordinaires ; ce qui fut executé le 20 du même
mois, on lensevelit dans un petit caveau qu'on ve-
noit de construire expres a la place où il avoit coutume de faire sa priere. Depuis le moment de son

inhumation, c'est un concours extraordinaire de Rome et des endroits voisins qui ne se ralentit point, on ne cesse de visiter le tombeau du bienheureux, qui, de son côté, ne cesse de faire des miracles en faveur de ceux qui linvoque avec foy. Les muets parlent, les aveugles voient, les paralitiques et les perclus marchent librement et s'en retournent sans secours ; les hidropiques sont guerys sur le champ. Dimanche dernier, une pauvre femme hidropique fut guerie sur la pierre meme qui couvre le tombeau, on vit sortir du talon de la malade une eau d'une fort mauvaise odeur et en tres grande quantité, elle se trouva un moment apres guerie ; jambe cassé subitement et parfaitement remise, ulcere inveteré, playe anciene dessechés et disparus a linstant, touttes sortes d'estropiés qui apres s'etre fait porter sur le tombeau se retirent plein de force et aussi agils que s'ils n'eussent jamais eté incomodés.

Voila un spectacle dont toutte la ville est temoins, je ne scaurais vous exprimer combien il excite d'admiration et de surprise, les incredules comme les autres en sont attendris jusqu'aux larmes, quel triomphe, ma chere sœur, pour la religion, jen ay entendus plusieurs faire cet aveu, je ne pouvois me persuader tout ce que l'on dit sur les miracles, je me rend aujourd'huy.

Personnes icy n'a jamais rien vu de pareil, on en voit qui sans manger depuis le matin jus qu'au soir, ne quittent point la place dont ils viennent s'emparer dés que l'eclise est ouverte pour etre temoins des miracles qui se succedent d'heure en heure.

Avant hier lés mouvements de la multitude que l'on est pas maitre de contenir determinerent les superieurs a faire fermer l'eclise, l'on en permet lentrée qu'aux malheureux que le desir d'etre gueris attire au tombeau et qu'aux personnes distingués par leurs rang, mais il faut une garde tres

forte pour arretter le peuple, et je crains, vu les
cris quil jette sans cesse, quelque soulevement.

Vous desirez sans doutte connoitre le genre de
vie qu'a mené le Bienheureux mandiant, aujourd'huy
si riche et si puissant, voicy, en attendant un plus
grand détail, quelques anecdotes que je veux vous
apprendre.

Il avoit eté tenté comme vous de vivre dans la
retraitte, et dans ce dessein il se présentat a La
Trappe, en 1769, la foiblesse de sa santé ne luy
ayant pas permis dy rester, il en sortis au bout
huit mois, il s'embarqua pour aller visiter les saints
lieux; arrivé a Rome apres avoir satisfait sa devotion sur les tombeaux des apostres, il s'y fixa, il y
a toujour vécu dans la plus grande obscurité : ce
n'est qu'apres sa mort que Dieu a voulus produire
l'eminente sainteté de son serviteur. Quelle nouvelle, ma chere sœur, pour le pere fortuné, sil vit
encore qui a donné la vie a un tel fils, il y a de
quoy mourir de joye.

On vas travailler a sa beatification et on comence
deja a s'en occuper. Ces jours derniers, on a conpté
63 miracles incontestables, en outre une fille agé
de 22 ans et née muette receu tout a coup lusage
de la parolle, on luy apprend la langue, et elle
prononce parfaitement tout ce qu'on luy fait arti-
culer.

Son confesseur a déposé 1° qu'ayant un jour
projetté en luy même de luy donner quelqu'argent,
il alla le trouver et luy dit, mon pere, vous fairiez
mieux de donner a d'autre largent que vous gardiez
pour moy. 2° Qu'ayant encor acheté a son insus
de la toille pour luy faire deux ou trois chemises,
le penitent vas le trouver et luy dit, mon pere
souffrez que je n'accepte pas les chemises neuves
que vous voulez me donner et je vous prie de les
reserver pour telles personnes quil nomma.

3° Le bienheureux mandiant, a l'exemple de

quelques saints des premiers siecles que Dieu con-
duisoit à la sainteté par les voix extraordinaires et
sur tout par celle de la plus rebutante abjection,
etoit couvert de poux et on a remarqué que jamais
on ne le vit faire le moindre mouvement pour se
soulager de lincomodité continuelle qu'il en devoit
resentir. Quelle mortification! 4° Le confesseur dé-
pose encore qu'ayant oublié par trois fois de luy
donner un livre de pieté quil avoit resolus sans le
prevenir de luy remettre entre les mains pour son
usage, il vint luy dire, mon pere, faite moy la cha-
rité de me donner le livre que vous m'avez destiné.
5° Il ajoutte quil ne donnoit jamais a ce pauvre que
la benediction faute de matiere d'absolution.

C'est bien icy le lieu de dire avec St Augustin ;
les simples et les ignorants emportent le Ciel, pour
nous que faisons nous avec toutes nos sciences pre-
tendûes, nous nous roullons dans la poussierre et
dans la boüe. *Rudes et imperiti rapiunt cœlum : et
nos cum doctrinis nostris in fœno volutamus.*

Et signé BRETON.

www.ingramcontent.com/pod-product-compliance
Lightning Source LLC
Chambersburg PA
CBHW071443030726
47594CB00006B/2815